FRACTIONS DE POMMES

Jerry Pallotta
Illustrations de Rob Bolster

Texte français de Lucie Rochon-Landry

Éditions
■SCHOLASTIC

Merci à tous les élèves et aux enseignants et enseignantes de la Johnny Appleseed Elementary School
de Leominster, au Massachusetts

—— *Jerry Pallotta*

Ce livre est dédié aux hommes et aux femmes qui vivent et travaillent à New York,
qu'on appelle la « Grosse Pomme ».

—— *Rob Bolster*

Catalogage avant publication de la
Bibliothèque nationale du Canada
Pallotta, Jerry
Fractions de pommes / Jerry Pallotta;
illustrations de Rob Bolster;
texte français de Lucie Rochon-Landry.
Traduction de : Apple Fractions.
Pour enfants de 8 ans et plus.
ISBN 0-439-96698-1
1. Fractions--Ouvrages pour la jeunesse.
2. Pomme--Ouvrages pour la jeunesse.
I. Bolster, Rob II. Rochon-Landry, Lucie III. Titre.
QA117.P3414 2004   j513.2'6   C2004-902409-4

Édition publiée par les Éditions Scholastic,
175 Hillmount Road, Markham (Ontario) L6C 1Z7.

5 4 3 2 1   Imprimé au Canada   04 05 06 07

Ce livre parle de pommes et de mathématiques.
Les pommes sont des fruits que nous mangeons.
Elles ne poussent pas sous les roches. Elles ne nagent pas dans l'océan.
Elles ne sont pas fabriquées en usine. Les pommes poussent dans les arbres.

DES POMMES

On cultive des milliers de variétés de pommes dans le monde.
Les pommes peuvent être rouges, vertes ou jaunes,
ou encore une combinaison de ces trois couleurs.

DES FRACTIONS

$$\frac{1}{1} \quad \frac{1}{5} \quad \frac{1}{8} \quad \frac{1}{6} \quad \frac{1}{2} \quad \frac{7}{8} \quad \frac{1}{6} \quad \frac{1}{7}$$

$$\frac{2}{3} \quad \frac{1}{4} \quad \frac{3}{4} \quad \frac{1}{3} \quad \frac{1}{9}$$

$$\frac{1}{9} \quad \frac{1}{10}$$

Qu'est-ce qu'une fraction? Une fraction est une partie d'une chose.
On représente une fraction en plaçant un nombre sur un autre nombre.
Une barre sépare les deux nombres.

LA McINTOSH

Voilà une belle pomme McIntosh.
La pomme McIntosh est très juteuse; on s'en sert donc pour faire du jus.
Mais elle est aussi très croquante et bonne à manger.

un entier

Si tu veux partager une pomme avec quelqu'un, qu'est-ce que tu fais?
Deux enfants, mais une seule pomme! Il faut diviser la pomme en deux parties.
Tu pourrais donner la queue à ton ami et garder la pomme pour toi.
Mais non, ce ne serait pas juste!

$\dfrac{1}{2}$ une demie

Il vaut mieux que tu t'y prennes autrement.
Divise la pomme en deux parties égales. Voilà une moitié de la pomme.

une demie $\frac{1}{2}$

Voilà l'autre moitié de la pomme. Deux enfants, une pomme, deux moitiés.
C'est amusant d'apprendre les fractions en partageant des pommes.

LA GOLDEN DELICIOUS

Cette pomme est une Golden Delicious.
Sa peau mince cache une pulpe tendre.

trois tiers

3/3

Et si trois amis veulent partager cette pomme?
Trois amis, une pomme, trois parties égales.

$\frac{1}{3}$ un tiers

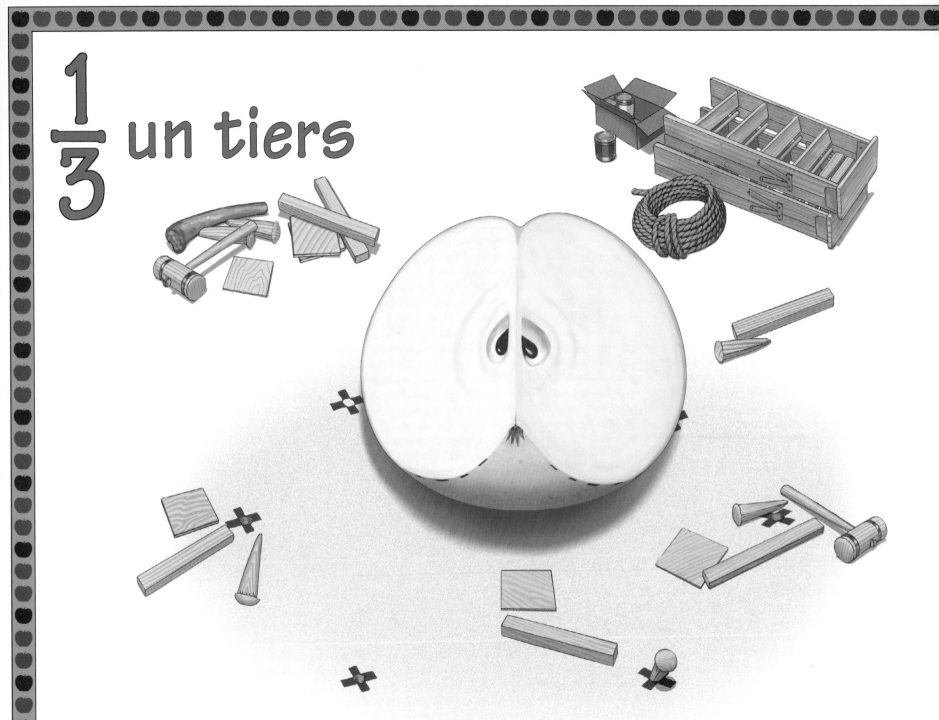

Voilà le tiers d'une pomme Golden Delicious. Toutes les pommes ne sont pas blanches à l'intérieur. Celle-ci est jaune pâle.

deux tiers $\dfrac{2}{3}$

$\dfrac{1}{3} + \dfrac{2}{3} = \dfrac{3}{3}$

Quand on enlève le tiers d'une pomme, il en reste deux tiers!
Un tiers plus deux tiers égalent trois tiers.
Trois tiers forment une pomme entière.

SUNSHINE HILLS ELEMENTARY SCHOOL
11285 BOND BLVD.
DELTA, B.C. V4E 1N3

LA GRANNY SMITH

Voilà une pomme Granny Smith. Est-elle mûre? Oui! Une pomme Granny Smith est verte, même lorsqu'elle est mûre et prête à être cueillie. Cette pomme est parfois difficile à mâcher. Elle n'est pas sucrée. Elle est un peu sûre.

un entier $\dfrac{1}{1}$

Que vas-tu faire si quatre membres de ta famille veulent manger
une Granny Smith? Il faudra que tu divises la pomme en quatre parties.

$$\frac{1}{4}$$ un quart

Chaque membre de la famille va recevoir un quart de la pomme.
Dans une fraction, le chiffre du haut s'appelle le numérateur.
Alors, dans cette fraction, le numérateur est le chiffre un.

trois quarts $\dfrac{3}{4}$

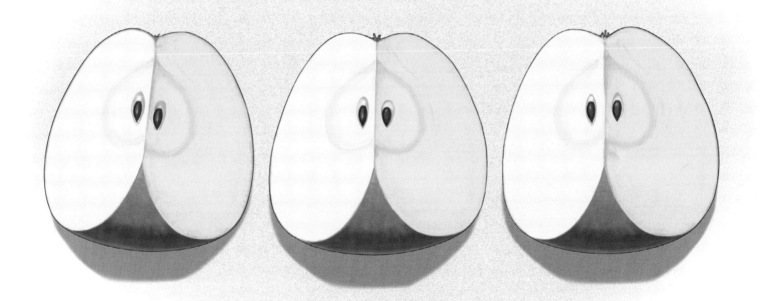

Dans une fraction, le chiffre du bas s'appelle le dénominateur.
Pour désigner la fraction trois quarts, tu écris un trois comme numérateur
et un quatre comme dénominateur.

LA RED DELICIOUS

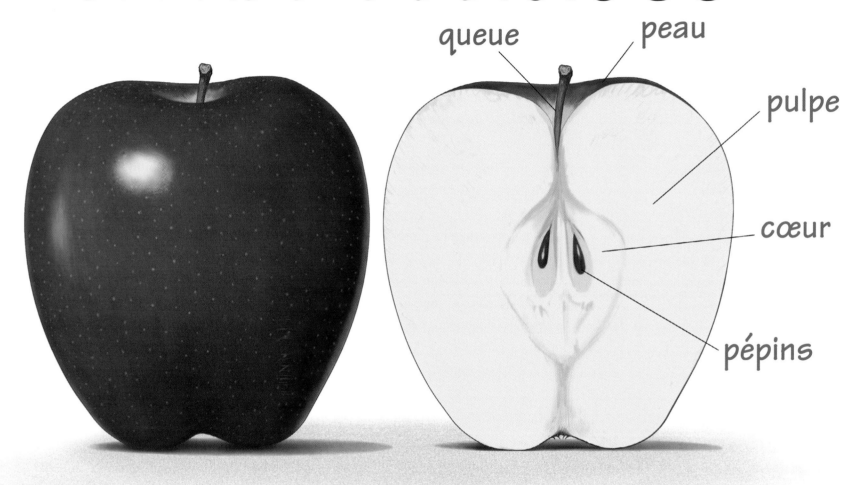

queue · peau · pulpe · cœur · pépins

Quelle pomme est la plus savoureuse? Cela dépend des goûts de chacun.
Bien des gens croient que la Red Delicious est la plus belle et la plus savoureuse.

Les parties de la pomme sont : la queue, la peau, la pulpe, le cœur et les pépins.
La plupart des pommes ont dix pépins.

UNE ORANGE

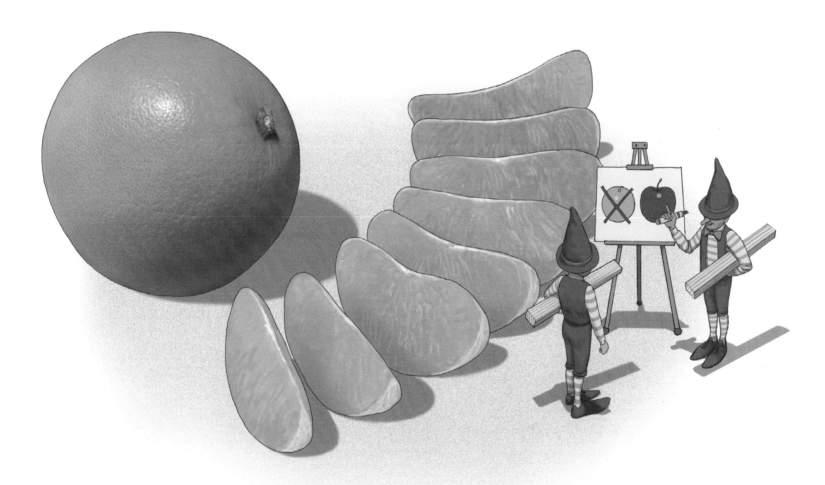

Ceci n'est pas une pomme! C'est une orange. Voilà un autre fruit
que tu peux savourer en apprenant les fractions. Pas besoin de la couper.
Sous sa peau, elle est déjà divisée en quartiers. Les oranges poussent
dans les pays chauds et les pommes, dans les pays froids.

LA GALA
$\frac{1}{5}$ un cinquième

La Gala est une pomme de grosseur moyenne. Elle a à peu près la grosseur de ton poing. Certaines pommes sont grosses comme un pamplemousse. D'autres sont petites comme une cerise.

quatre cinquièmes $\dfrac{4}{5}$

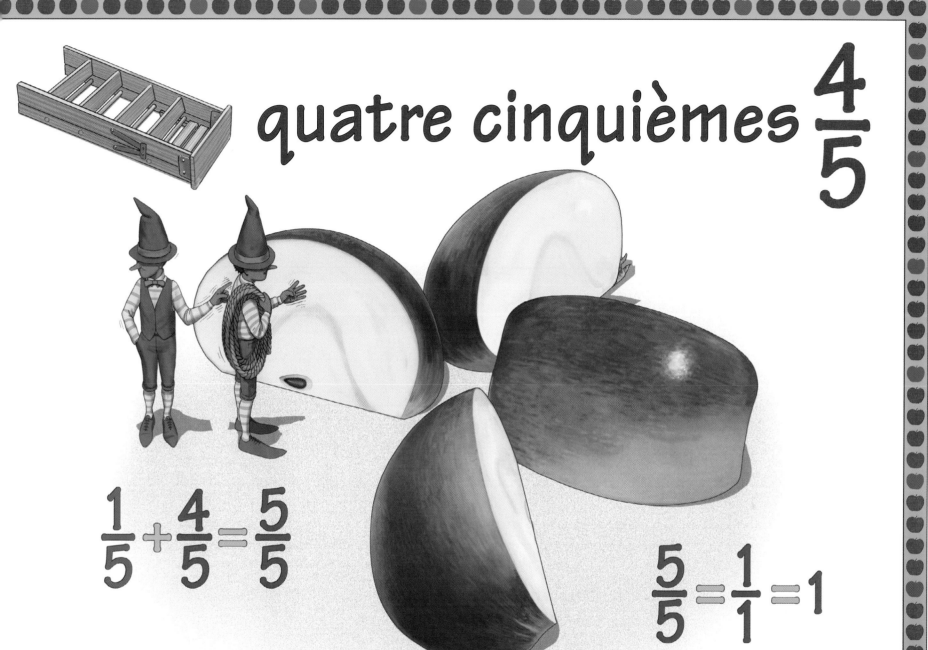

$$\dfrac{1}{5} + \dfrac{4}{5} = \dfrac{5}{5}$$

$$\dfrac{5}{5} = \dfrac{1}{1} = 1$$

On a partagé cette Gala en cinq parties égales. Chaque morceau représente un cinquième. Un cinquième plus quatre cinquièmes égalent cinq cinquièmes. Quand on a le même chiffre au-dessus et au-dessous de la barre, la fraction est égale à un entier.

$\dfrac{1}{6}$ un sixième

LES FLEURS DU POMMIER

Les pommiers sont en fleur au printemps. Les abeilles se promènent de fleur en fleur et y déposent du pollen. C'est le début d'une nouvelle pomme. Merci, les abeilles! Sans vous, il n'y aurait pas de pommes.

cinq sixièmes $\frac{5}{6}$

LES ABEILLES

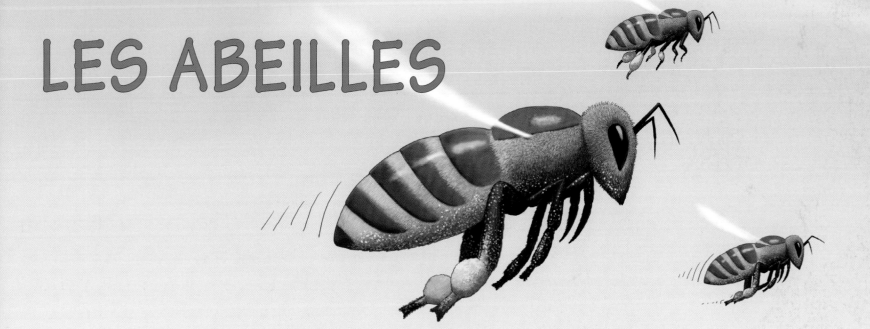

Un sixième des abeilles est occupé à butiner.
Cinq sixièmes des abeilles cherchent un autre pommier,
ou peut-être un poirier, un prunier ou un cerisier.

LA CORTLAND

Coupe une pomme horizontalement et tu verras que le cœur ressemble à une étoile. Quand tu coupes une pomme horizontalement plutôt que verticalement, tu n'obtiens pas des parties égales. Le dessus, le milieu et le dessous de la pomme n'ont pas la même largeur.

six septièmes 6/7

un septième 1/7

On peut classer les pommes en trois catégories :
les pommes à croquer, les pommes à jus et
les pommes à cuire. Peu importe comment on la coupe,
la Cortland donne toujours de délicieuses tartes.

LA POMME-POIRE

Il ne faut pas se fier aux apparences. Ce fruit ressemble à une pomme.
Il a la forme d'une pomme, mais il a le goût d'une poire. Pourquoi?
Parce que c'est une poire! Les fractions aussi peuvent nous
jouer des tours, tout comme cette pomme-poire.

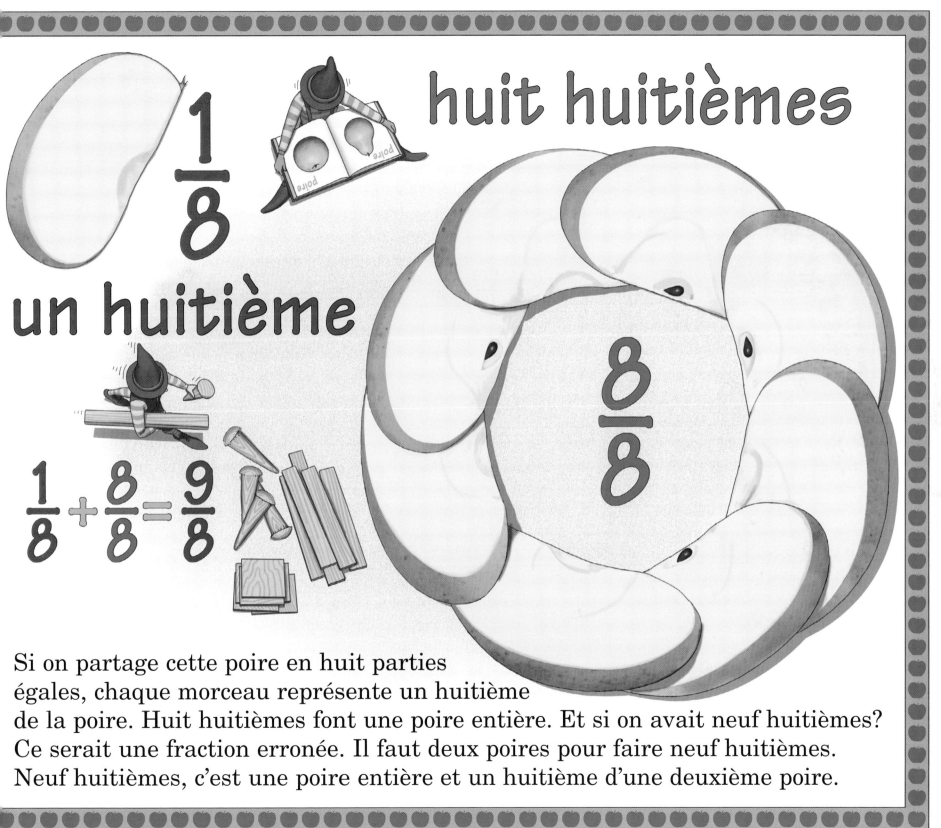

$$\frac{1}{8}$$

un huitième

huit huitièmes

$$\frac{1}{8} + \frac{8}{8} = \frac{9}{8}$$

$$\frac{8}{8}$$

Si on partage cette poire en huit parties
égales, chaque morceau représente un huitième
de la poire. Huit huitièmes font une poire entière. Et si on avait neuf huitièmes?
Ce serait une fraction erronée. Il faut deux poires pour faire neuf huitièmes.
Neuf huitièmes, c'est une poire entière et un huitième d'une deuxième poire.

$\frac{1}{9}$ un neuvième

DU CIDRE

Quelle est la différence entre le cidre et le jus de pomme? On obtient le cidre en pressant des pommes. Le liquide obtenu est foncé et plein de pulpe.

DU JUS DE POMME

Le jus de pomme est du cidre qu'on a filtré. Quand on retire la pulpe,
le liquide devient clair. As-tu soif? Veux-tu un plein verre de jus de pomme?
Ou peut-être un quart, un demi ou trois quarts?

$\dfrac{1}{10}$ un dixième

neuf dixièmes $\dfrac{9}{10}$

Voilà dix pommes. Hum… il y avait dix pommes tantôt.
Voilà neuf pommes. Une pomme a été mangée.
Le cœur représente un dixième.
Les neuf autres dixièmes sont des pommes entières.

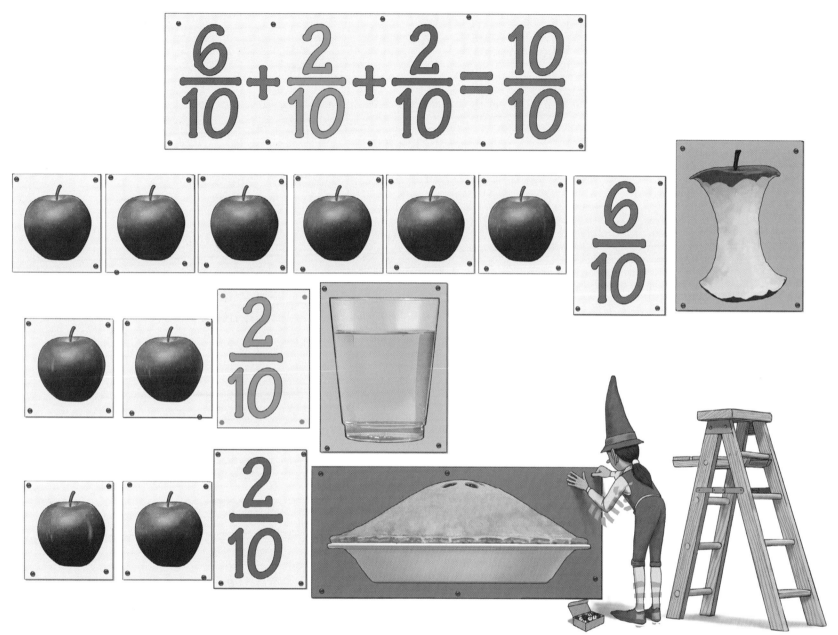

$$\frac{6}{10} + \frac{2}{10} + \frac{2}{10} = \frac{10}{10}$$

Les millions de tonnes de pommes récoltées chaque année sont cueillies à la main. Six pommes sur dix sont mangées fraîches. Deux sont transformées en cidre et en jus. Avec les deux pommes qui restent, on fait des conserves, de la garniture pour tartes, de la confiture, de la gelée, des pommes séchées et du beurre de pomme.

UNE TARTE AUX POMMES

Pendant que tu lisais ce livre,
quelqu'un a fait cuire une tarte aux pommes.
Si on en mangeait une fraction?